Este livro pertence a:

_____

_____

_____

_____

Coleção **DEVOCIONAL INFANTIL**

- *O meu amigo Jesus*, Imerio Moscardo (org.)
- *Oração de gente pequena*, Pe. Zeca
- *Minha primeira eucaristia: orações*, Pe. Antônio Lúcio, ssp (org.)
- *Caminhando com Jesus: devocionário infanto-juvenil*, Pe. Antônio Lúcio, ssp (org.)
- *Minhas orações*, Milagros Moleiro
- *Minha primeira eucaristia – coração de Jesus (ouro)*, Darlei Zanon (org.)
- *Minha primeira eucaristia – crianças (prata)*, Darlei Zanon (org.)
- *Vamos rezar juntos*, Rogério Bellini

Pe. Zeca

ORAÇÃO
de gente pequena

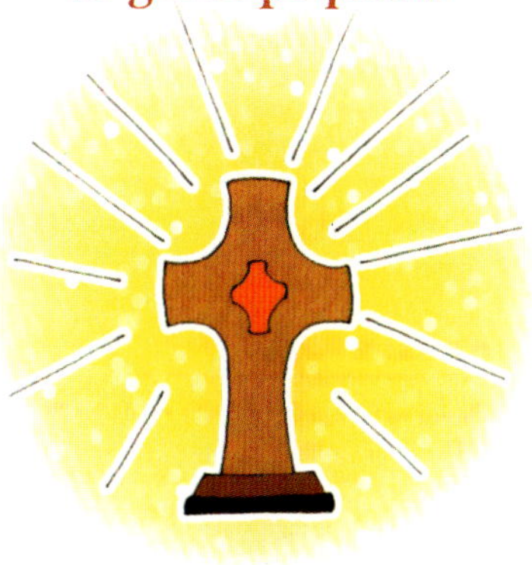

PAULUS

Projeto Gráfico e Ilustrações
Simone Alonso Rodrigues

Impressão e acabamento
Color System

1ª edição, 2000 (simples)
9ª reimpressão, 2021

2ª edição, 2000 (luxo)
3ª reimpressão, 2015

© PAULUS – 2000

Rua Francisco Cruz, 229 • 04117-091
São Paulo (Brasil)
Tel. (11) 5087-3700
paulus.com.br • editorial@paulus.com.br

ISBN 978-85-349-1730-8 (simples)
ISBN 978-85-349-1731-5 (luxo)

E Jesus disse: "Deixem as
crianças vir a mim.
Não as impeçam, porque
o Reino de Deus
pertence a elas. Eu garanto
a vocês: quem não
receber o Reino de Deus como
criança, nunca
entrará nele". Então Jesus
abraçou as crianças
e abençoou-as, pondo a mão
sobre elas.
(Mc 10,14-15)

Dedico este livro
a todas as crianças
que já sabem curvar os joelhos
ao chão, juntar as mãos
e elevar uma prece singela
ao coração de Deus.
Creio que, no céu,
os anjos fazem profundo
silêncio para acolher
as orações das crianças,
e quando elas dizem amém,
eles dizem também,
juntamente com elas.

Nada mais certo de que
uma oração de criança só
descansa quando chega ao
coração do Eterno Pai.
Dedico-o também aos pais,
aos catequistas
e aos educadores, desejando
que ele seja, em suas mãos,
um instrumento precioso
na tarefa de ensinar
as crianças a descobrirem
o valor e a necessidade
da oração.

Nota do Autor

Oi, criança, meu amiguinho e minha amiguinha, quero ajudá-lo(a) a fazer todos os dias um encontro feliz com Deus. Deus o(a) ama muito, a ponto de garantir que o seu Reino está preparado para você. Ele é bom! É Pai! Você pode chamá-lo de Papai do Céu.

Ele é o Senhor da vida, e criou tudo o que existe para você. Seu desejo é de que você seja feliz! As orações que você irá encontrar neste livro o ajudarão a entrar em sintonia com este Deus-Pai maravilhoso. Você pode conversar com ele, do seu jeito simples, pois ele é muito simples também. Ele sabe do que você precisa, mas gosta de estar com você e de atender seus pedidos.

É fácil falar com Deus, porque ele não está longe! Está dentro de você! Ele se revela em cada uma das suas criaturas: nas flores, nos pássaros, no mar, nos animais, e sobretudo em cada homem, porque o homem é a criatura mais especial de Deus.

Quando você quiser falar com Deus, basta parar um pouco, fazer silêncio, fechar os olhos e fazer do seu coração o lugar do encontro com ele. De manhã, na hora das refeições, na escola, na catequese, à noite, reserve um momento para estar com Deus, em oração.

Deus o(a) abençoe!
Meu grande abraço, para você!

O autor

ORAÇÃO DA CRIANÇA

Papai do Céu,
ainda sou criança, uma flor
que todos chamam de futuro.
Sou um sorriso teu para o mundo.
Sou a eterna saudade do homem adulto.
Não entendo as grandes verdades da Fé.
Não posso resolver
os problemas do mundo.
Mas creio em ti, com simplicidade.
Acredito muito na força da bondade.
E sei que só consegue ser bom
quem ama e se sente amado.
Ajuda-me, Papai do Céu, a crescer

com saúde, em um lar feliz, onde
eu encontre amor e compreensão.
Ensina-me também a amar,
e a oferecer o melhor de mim
para o bem de minha família,
e para a felicidade das pessoas
que estiverem ao meu lado.
AMÉM!

PARA COMEÇAR O DIA

Oi, Papai do Céu! Bom dia!
Obrigado pela noite
que nos trouxe o repouso,
e pelos sonhos bonitos que tivemos.
Obrigado pelo sol da manhã
que agora enche o mundo de luz.
Eu ainda não sei rezar, mas te peço
que a tua luz ilumine a nossa família:
o coração do papai, a paciência
da mamãe, a nossa vida de irmãos,
e o meu coração também.
Que hoje a nossa família seja mais feliz.
Que papai e mamãe continuem

se amando e nos ensinando
o sentido da vida.
Obrigado, Papai do Céu,
por este novo dia.
AMÉM!

ANJO DA GUARDA

Santo anjo do Senhor,
meu zeloso guardador.
Se a ti me confiou a Piedade Divina,
sempre me rege, me guarde,
me governe e me ilumine.
AMÉM!

ORAÇÃO NO CAFÉ DA MANHÃ

Deus, nosso Pai.
Estamos reunidos em torno da mesa
para o nosso café da manhã.
É a vida que recomeça
com esse novo dia.
Obrigado porque papai
e mamãe se amam!
Esse amor deixa nossa casa feliz!
Eu e minha irmã iremos
para a escola.
Papai irá para o trabalho.
E mamãe ficará tomando
conta de nosso lar.

Abençoa, Senhor, estes alimentos
que vamos comer agora;
abençoa nossa família, nossa casa
e este novo dia que nos deste para viver.
Fica conosco!
E livra-nos dos males e perigos.
AMÉM!

ORAÇÃO ANTES DO ALMOÇO

Obrigado, Senhor,
pelo pão nosso que te pedimos
e que agora está em nossa mesa.
Tu és o Pai nosso do Pão nosso.
Obrigado pelas pessoas que
trabalharam: cuidando da terra
e acreditando na força da semente.
Obrigado pelo papai!
Ele tem trabalhado por nós,
para ganhar o pão de cada dia.
Obrigado pela mamãe!
Ela nos preparou esses alimentos.
Nós vamos comê-los com alegria,

agradecendo as tuas bênçãos
em nossa vida.
Ensina-nos a partilhar,
para que o nosso pão de hoje
seja o "Pão nosso de cada dia"
nas mãos ou na mesa
de quem passa fome.
AMÉM!

ORAÇÃO ANTES DO JANTAR

Querido Deus,
nossa família está reunida outra vez.
Papai voltou do trabalho
e está muito cansado.
É hora de despedir-nos do dia que
passou, e de acolher a noite
que vem chegando.
O jantar está posto em nossa mesa.
É o pão nosso que te pedimos em
oração, fruto de tua bondade
e do trabalho de muitas mãos.
Abençoa estes alimentos
e a todos nós que vamos recebê-los,

agradecidos por tantas coisas boas
que nos deste para viver:
a saúde, o amor, a fé, a paz,
o trabalho, a coragem, o nosso lar...
e a nossa vida em família.
AMÉM!

ANTES DE REPOUSAR

Boa noite, Papai do Céu.
Quero conversar um momento
contigo, e agradecer-te
por este dia que passou.
Obrigado pelo trabalho do papai
e pelo carinho da mamãe;
pela alegria dos meus colegas
e amiguinhos.
Obrigado pelas coisas boas e bonitas
que aprendi hoje na escola.
Pela paciência da minha professora,
pelos alimentos que saciaram minha
fome e por tua palavra

que recebi na catequese.
Antes de repousar, te agradeço por
minha família e pela alegria de viver.
Perdoa meus pecados de criança,
e dá-me um coração de anjo,
para que eu seja um bom filho
e nunca deixe de te amar.
AMÉM!

PAI-NOSSO DA CRIANÇA

Papai nosso, que estás no céu,
e aqui na terra também.
O teu nome é o mais santo de todos.
Ele está no coração e nos lábios das
crianças, das pessoas adultas e das
tuas criaturas. Que o teu reino
venha a nós, porque ele é melhor
que todos os reinos do mundo.
Que todas as crianças e todas as
pessoas aprendam a fazer
tua vontade na terra,
assim como ela é feita no céu.
O pão nosso de cada dia dá-nos hoje.

Mas ensina os homens a repartir,
para que ninguém morra de fome.
Perdoa os nossos pecados contra ti,
contra as pessoas e contra tuas
criaturas; ensina-nos a perdoar
e a pedir perdão.
Não nos deixes cair em tentações,
nem praticar atos de maldade.
Livra-nos de todos os males e perigos.
AMÉM!

SER COMO O GIRASSOL

Bom dia, Papai do Céu!
Ontem, em meio à festa das flores,
conheci o girassol. Como ele é lindo!
Vive o dia inteiro buscando a luz.
Acompanha o caminho do sol
sem desviar-se dos seu raios.
Já aprendi que tu és o Sol de nossa vida!
E que todos nós precisamos de tua luz.
Sabe, Senhor, quero ser como o
girassol: caminhar e seguir na tua
direção, desde a manhã até o
anoitecer, para que a tua luz tome
conta de mim.
AMÉM!

*Quando uma criança reza
e diz o seu "amém",
os anjos dizem com ela também.*

APRENDENDO A REZAR

Papai do Céu, eu te amo!
Todos os dias mamãe
me ensina a rezar:
o Pai-nosso, a Ave-Maria,
o Creio em Deus , a Salve-Rainha,
o Santo Anjo do Senhor...
Estou aprendendo a falar contigo!
Mamãe me diz que tu és bom.
Que nossa vida está em tuas mãos.
Que acompanhas todos
os nossos passos.
Que perdoas os nossos pecados.
Que todos somos irmãos,
e que por isso devemos nos ajudar,

nos perdoar e nos amar.
Eu estou aprendendo tudo, Senhor!
Acredito em ti, e te agradeço,
pela minha vida,
por minha família,
pelos colegas e amiguinhos,
e por tudo de bom que me deste.
AMÉM!

DEUS ME AMA

Querido Deus,
Obrigado por este mundo tão bonito
que criaste para nós!
Ainda não conheço todas as tuas
obras, mas sei que o mundo está
cheio de tuas criaturas.
Dizem que o homem é a tua obra
mais perfeita, porque é a única
criatura que sabe falar contigo.
Sabe por que e para que foi criado.
Sabe que é teu filho.
E é capaz de amar,
e precisa do teu amor.
Eu ainda sou gente pequena.

Tudo ainda é muito misterioso
para mim. Sei que vou crescer
e aprender muitas coisas.
Mas de uma coisa eu já sei:
"tu me amas"!
Cuidas de mim com carinho...
É por isso que eu existo.
Obrigado, Papai do Céu!
Prometo me esforçar, para tornar
este mundo cada vez mais bonito.
AMÉM!

ORAÇÃO AO ESPÍRITO SANTO

Senhor e Pai, obrigado porque tens
protegido minha vida.
Em tuas mãos eu me sinto seguro!
Por favor, Senhor, ilumina
meus passos, meus estudos,
minha família e meus amigos,
derramando sobre nós
o Espírito Santo, porque sem ele
ninguém é bom, ninguém é forte,
ninguém é Santo.
Que sua presença nos santifique,
e nos faça cumpridores
de tua vontade.
AMÉM!

ORAÇÃO DA SIMPLICIDADE

Querido Jesus,
está escrito na Bíblia que tu eras
grande amigo das crianças,
que gostavas muito de acolhê-las
e abraçá-las, de impor as mãos
sobre elas e abençoá-las.
Tu disseste que o Reino
do Céu é das pessoas
que se parecem com elas;
de quem o recebe com simplicidade.
As pessoas simples confiam mais em ti
e acreditam muito em tua palavra.
Acho que elas são mais felizes,
porque não são orgulhosas,

e sabem entregar-se em tuas mãos.
Ajuda-me a ser simples, Jesus,
mesmo quando eu crescer!
Que o orgulho nunca
tome conta de mim!
Pois eu quero acreditar
e te amar de todo o coração.
AMÉM!

POR UM AMIGUINHO ENFERMO

Papai do Céu,
meu amiguinho está doente!
Ele é alguém importante para mim!
Vamos juntos à escola.
Brincamos juntos.
E às vezes rezamos juntos também.
É muito triste ficar doente!
Cuida do meu amiguinho, Senhor,
para que ele recupere logo a saúde.
Não deixes que nada de mal
lhe aconteça!
Que neste momento ele receba muito
amor, da sua família e de seus amigos.

Escuta, Senhor, a minha oração,
e atende este meu pedido!
Eu acredito e confio em ti!
AMÉM!

NO ANIVERSÁRIO DA MAMÃE

Papai do Céu, hoje estou muito feliz!
Mamãe está fazendo aniversário.
Já lhe dei um abraço carinhoso
e cobri de beijos o seu rosto querido.
Como é bom ter mãe, Senhor!
Ela é pura dedicação, é um anjo
de bondade em minha vida!
Que presente posso lhe dar,
se não há nada maior que seu amor?
Abençoa, Senhor, a minha mãe!
Que ela tenha não só um feliz
aniversário, mas uma vida toda feliz,
afinal, ela merece, Senhor!
AMÉM!

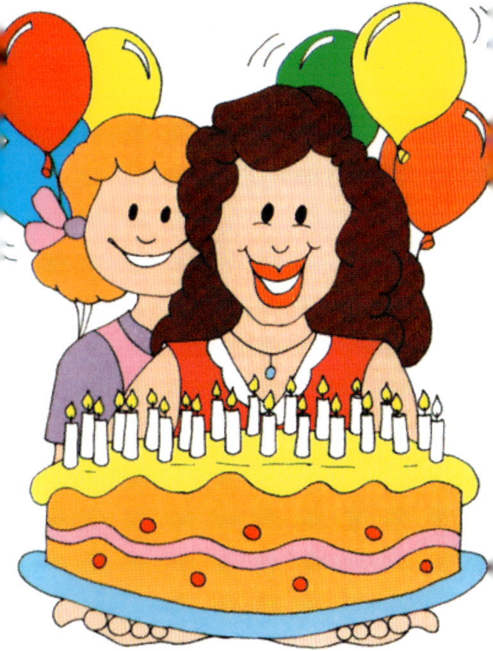

ORAÇÃO PELO PAPAI

Querido Deus, o papai está
saindo para o trabalho.
Ele me disse que os pais precisam
trabalhar para sustentar a família:
o pão, o teto, a saúde, o lazer...
Tudo chega às nossas mãos por tua
bondade e através do trabalho.
Querido Deus, protege o papai!
Defende-o de todos
os males e perigos.
Que ele nunca se canse de ser pai.
Que sinta no seu coração a força do
teu amor e do nosso amor também.
Obrigado pela vida do papai!

Sua existência
é um grande dom
para a vida
de todos nós.
AMÉM!

PRECE PELAS CRIANÇAS ABANDONADAS!

Querido Jesus, por que existem
crianças abandonadas?
Ontem vi um menino, na rua,
catando restos de comida, no lixo,
para saciar a fome,
que o estava matando.
Que coisa triste, Jesus!
Sei que, como aquele menino,
existem milhões no Brasil e no
mundo: são os menores abandonados.
Quase ninguém quer saber deles.
Não foram adotados pelo progresso,
nem são vistos como frutos.

Vivem sem casa, sem família,
sem pão, sem saúde, sem escola...
Estão roubando deles
o direito de ser gente!
Eu te peço, Jesus: abençoa todas as
pessoas que acolhem e lutam pelos
direitos das crianças,
preocupando-se com elas.
Olha com amor, e abençoa todas as
crianças, especialmente as mais
pobres e abandonadas!
AMÉM!

PRECE PELA PAZ

Senhor e Pai,
o mundo está muito perigoso!
Há violência por todos os lugares:
nas grandes cidades e nas pequenas,
nas escolas e nas famílias.
São tristes demais as imagens da
guerra: famílias são separadas.
Pessoas inocentes são assassinadas.
Crianças são massacradas pela fome.
Tenho medo, Senhor!
Nós, crianças, somos vítimas indefesas.
Olha por nós!
Guarda-nos e defende-nos!
Queremos paz em nossa casa,

em nossa escola, em nossa cidade,
e neste mundo em que vivemos.
Dá-nos tua paz, Senhor!
Ensina-nos a reparti-la.
Porque a paz é o melhor fruto que
as pessoas podem oferecer e receber.
AMÉM!

Uma criança é um sorriso
de Deus para o mundo.
Sinal de que ele continua
acreditando na humanidade.

ORAÇÃO NA DOENÇA

Querido Deus, estou doente!
Mamãe e papai estão
preocupados comigo!
É muito triste ficar doente!
É nesta hora que a gente
descobre como é bom ter saúde;
poder brincar, estudar, trabalhar
e estar com os amigos.
Mas eu acredito que logo ficarei bom.
E por isso te peço: cuida de mim!
Cuida também de todas as pessoas que
estão adoentadas, porque a tua proteção
é melhor que qualquer remédio.
AMÉM!

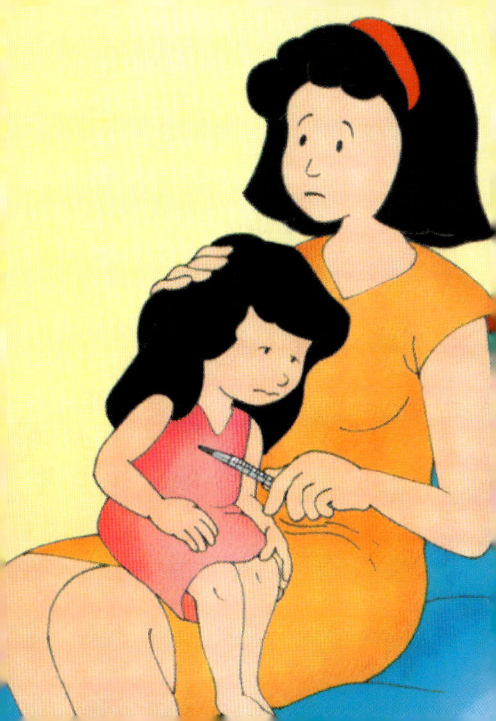

ORAÇÃO PELOS COLEGAS E AMIGOS

Querido Papai do Céu,
Já aprendi que ninguém vive só.
Todos precisam de colegas e amigos
para descobrir que a vida é bela.
Eu também, apesar de pequeno,
já sei a diferença entre
colegas e amigos.
É bom ter muitos colegas,
mas ter amigos é bem
mais importante.
Por um amigo a gente chora, ri,
sofre, se sacrifica, dá a vida.
De um colega a gente sente falta.
De um amigo a gente sente saudade,
desejo de presença constante.

Um colega ainda é quase
um desconhecido.
Um amigo já é quase um irmão.
Senhor, abençoa todos
os meus colegas, para que
nos tornemos bons amigos.
Enche de graças
os meus amiguinhos, para que,
na força da amizade, o amor
nos torne verdadeiros irmãos.
AMÉM!

*Querido Deus, ensina-me a amar,
pois eu quero imitar o amor de Jesus!*

QUANDO UM AMIGUINHO MORRE

Oi, Deus!
Estou me sentindo muito triste!
Meu amiguinho morreu!
Ele era tão importante para mim!
Por que tinha de morrer tão cedo?
É tão difícil aceitar a morte!
Eu nem sei como rezar.
Tenho mais lágrimas que palavras.
Dói de mais saber que não mais o
verei, e que amanhã ele
não estará por perto.
Eu não acredito que a morte dele
tenha sido por tua vontade!

Porque eu aprendi que és um pai
bom, e nenhum pai criaria um filho
para morrer ainda tão pequeno!
Mas eu acredito que meu amiguinho
descobriu onde é a tua casa
e que agora está contigo.
Toma conta dele, Senhor,
para sempre!
AMÉM!

SANTA MISSA

Querido Jesus, hoje irei à igreja!
E, juntamente com minha família,
participarei da Santa Missa.
Às vezes eu acho a missa cansativa,
porque ainda não entendo
a tua palavra nem tudo aquilo
que o padre diz.
Mas eu gosto muito de cantar,
e acredito na eucaristia.
Jesus, estou me preparando
na catequese para um dia
te receber como alimento.
Mas hoje quero te fazer um pedido:

ajuda-me a entender melhor o teu grande amor que celebramos na missa. **AMÉM!**

ORAÇÃO
NO ANIVERSÁRIO DO PAPAI

Querido Deus, hoje
o papai está fazendo aniversário.
Dizem que ele está ficando mais velho!
Compramos um presentinho para ele,
mas aqui em casa todos concordamos
que ele é um grande presente para nós.
Obrigado, Senhor, pelo pai que me deste.
Ele é alguém muito especial.
É um homem cheio de fé.
Está sempre atento à nossa família.
Trabalha, reza e tem tempo pra mim.
Sabe me corrigir sem perder a ternura.
Seu colo é meu e seu coração também.

Meu pai é um homem bom, Senhor!
Que ele seja muito feliz, hoje,
e em todos os dias de sua vida.
Abençoa, Senhor, o meu pai.
AMÉM!

*Ajuda-me a ser uma pequena parcela
de tua infinita bondade.*

ENSINA-ME A REZAR

Senhor e Pai, acho que ainda
não sei rezar direito.
Sei apenas repetir algumas orações.
Mas já ouvi alguém dizer
que é bom rezar com o coração,
usando as próprias palavras,
para te louvar, pedir e agradecer.
Eu acho que é desse jeito que os pássaros, as flores e os animais falam contigo.
E tu gostas muito das orações deles.
Eles não sabem orações decoradas,
mas, do seu jeito, falam contigo:
vivem, cantam e te bendizem.
Eu te peço, Senhor: ensina-me
a rezar com o coração!
AMÉM!

AJUDA-ME A SER BOM!

Querido Papai do Céu,
já aprendi que vives em nós.
Eu não consigo entender este
mistério, mas penso que isso
é sinal de muito amor.
Sabes que não podemos viver
sem a tua presença em nós,
por isso nunca nos abandonas.
Obrigado, meu Deus, porque estás
dentro de mim, fazendo-me
viver e ser feliz.
Ajuda-me, a ser um bom filho,
bom Cristão, bom estudante, bom amigo...
uma pequena parcela de tua
infinita bondade.
AMÉM!

ORAÇÃO PELA VOVÓ

Querido Deus,
hoje, quero rezar pela vovó.
Ela é uma pessoa maravilhosa!
Dizem que ser vovó é ser mãe duas vezes.
Acho que é por isso
que ela é tão especial, porque já
aprendeu o que é ser mãe.
Tem sempre um colo acolhedor
e uma palavra de carinho.
Vovó tem também muita fé!
Ela reza e ensina a rezar.
Ela já aprendeu a falar contigo!
Abençoa, Senhor, a vovó!
Que ela sinta-se amada por nós
e receba sempre a tua proteção.
AMÉM!

DEPOIS DE UMA SEMANA DE ESCOLA

$2 \times 1 = 2$
$2 \times 2 = 4$
$2 \times 3 = 6$
$2 \times 4 = 8$

$2 \times 5 = 10$
$2 \times 6 = 12$
$2 \times 7 = 14$
$2 \times 8 = 16$

$2 \times 9 = 18$
$2 \times 10 = 20$

Bondoso Deus, terminou
mais uma semana de escola.
Estudei bastante!
E aprendi muitas coisas.
Eu te agradeço, meu Deus,
porque me criaste inteligente,
capaz de aprender, de conhecer
e de me relacionar com as pessoas.
Obrigado pela minha professora!
Ela é paciente e amiga.
E sabe ensinar com amor.
Obrigado pelos meus colegas de classe.
Que todos eles, e minha professora,
tenham um bom final de semana,
e sejam abençoados por ti.
AMÉM!

ORAÇÃO PELA CATEQUESE

Senhor e Pai,
estou dando um novo passo: começo
hoje a participar da catequese.
Sei que necessito aprender
a conhecer a tua palavra, e a história
do teu amor pela humanidade.
Estou feliz, Senhor!
Abençoa-me, para que eu possa
aprender, compreender e viver a fé.
Tudo é novo para mim, agora.
Mas quero ser perseverante
neste caminho tão bonito.
Ajuda-me, meu Senhor e Pai!
AMÉM!

*Sou criança, Senhor,
um presente em flor
que todos chamam de futuro.*

ORAÇÃO PELOS IDOSOS

Querido Jesus, hoje nossa
turma de catequese foi ao asilo.
Lá, encontramos muitos velhinhos,
e alguns deles eram muito tristes!
São pais e mães, vovôs e vovós,
gente esquecida por suas famílias.
Eu não entendo, Jesus,
por que os filhos abandonam
os pais quando eles ficam
velhos e cansados!
Eu acho isso uma grande ingratidão!
Quando eu crescer,
e meus pais ficarem velhinhos,
prometo que não vou abandoná-los!

Nesta prece, Jesus, eu te peço:
abençoa aqueles velhinhos do asilo!
Que haja sempre pessoas boas
que possam visitá-los e alegrá-los,
porque eles merecem ser felizes.
AMÉM!

JÁ SEI O QUE É AMAR

Papai do Céu,
já aprendi o que é amar!
É muito mais que gostar de alguém!
É ser capaz de não pensar só
em si mesmo, para preocupar-se
com quem sofre.
É não querer ser feliz sozinho,
e ajudar outras pessoas
a serem felizes também.
É não querer tudo para si mesmo,
e repartir com quem tem necessidades.
É dar a vida pelos irmãos,
como teu filho Jesus fez por nós.
Acolher a quem está abandonado,

ajudar e servir a quem necessita,
fazer alguém ser feliz são maneiras
de dar a vida pelo irmão.
Ajuda-me, Papai do Céu,
a amar desse jeito, pois eu quero
imitar o amor de Jesus!
AMÉM!

CRIATURAS DE DEUS

Papai do Céu, bom dia!
Eu acredito que tuas criaturas
louvam o teu nome:
as flores que o vento balança,
os pássaros que voam em liberdade,
os animais que correm pelos campos,
os peixes dos rios e oceanos,
tudo me diz que o Senhor é muito bom.
Eu ainda não sei rezar direito,
mas quero te louvar também.
Quero o meu coração cheio de tua
presença, para que os meus lábios
pronunciem o teu nome;
e para que minha vida de gente

pequena revele a tua grandeza e a tua bondade.
Eu te amo, Papai do Céu!
AMÉM!

DEUS É BOM

Pai querido, os anjos, no céu,
glorificam teu nome.
Aqui na terra, as crianças,
os homens bons,
os pássaros, os animais, as flores...
e todas as tuas criaturas, falam de tua
bondade e glorificam o teu nome.
O teu reino é no céu, mas te pedimos
que ele venha a nós, para que
a terra se pareça com o céu.
Que as pessoas boas
se conservem na bondade.
E que as pessoas más possam mudar
de vida, para descobrirem como

é grande a alegria de vencer o mal,
praticando o bem.
Pai querido, livra-nos da tentação
de pensar que não precisamos de ti!
Abençoa minha família,
meus amigos, os nossos
vizinhos e todas as pessoas
que têm um jeito bonito de viver,
porque elas manifestam a tua bondade.
AMÉM!

UMA PRECE POR MAMÀE

Querido Papai do Céu, hoje quero
fazer uma prece por mamãe.
Que mulher especial, Senhor!
No seu coração há muito amor
e carinho para todos nós aqui de casa.
Trabalha bastante: lava, passa, limpa,
cozinha, cuida de nossa saúde,
e reza todos os dias.
Derrama tuas bênçãos sobre
a mamãe, para que ela nunca se canse.
Sem ela nossa casa seria triste,
como um jardim sem flor,
sem beleza e sem vida,
porque ela alegra e aquece o nosso

lar com sua dedicação e ternura.
Obrigado, Senhor, por minha mãe!
AMÉM!

*"Deixai as crianças vir a mim.
O Reino de Deus pertence a elas."
(Mc 10,14)*

ORAÇÃO NO ANIVERSÁRIO

Meu Deus,
hoje estou fazendo aniversário.
Quanta alegria!
Beijos, abraços, bolo, bexigas,
presentes, parabéns...
e votos de felicidades.
Obrigado, Senhor, pela minha vida!
Obrigado por minha família,
e pelas pessoas que me querem bem!
Obrigado, porque me amas, Senhor!
AMÉM!

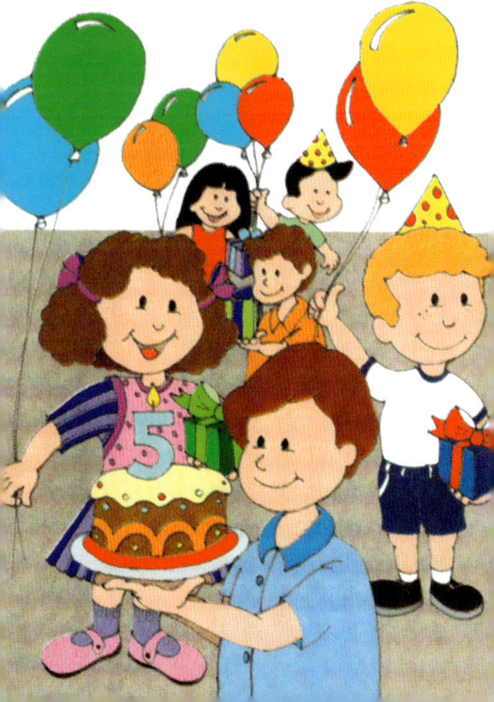
5

ORAÇÃO PARA UMA BOA VIAGEM

Meu bom Deus, estamos começando a
nossa viagem, e queremos
colocar nossa vida em tuas mãos.
Livra-nos dos perigos das estradas!
Protege-nos na ida e na volta.
Abençoa e ilumina o papai, para que
ele possa dirigir com atenção.
Abençoa também todos os motoristas
e todos os viajantes
que encontrarmos hoje.
Queremos encontrar em paz
e com saúde os nossos familiares
que estamos indo visitar.

Toma conta de nós, Senhor!
Porque contigo estaremos seguros.
Que tuas mãos estejam sobre nós,
para nos abençoar;
atrás de nós, para nos encorajar;
à nossa frente, para nos indicar
o caminho.
AMÉM!

ORAÇÃO PELA ESCOLA

Pai do Céu,
estou indo para a escola,
e preciso muito de tua proteção!
Que os teus anjos fiquem perto
de mim, e me conduzam pela mão,
para que eu não me afaste de ti.
A escola é importante em minha vida.
Já aprendi um monte de coisas novas!
É tão bom saber ler e escrever!
Abençoa, Senhor, a minha escola,
os meus coleguinhas de classe;
a minha professora, que é muito
bacana, e todas as pessoas
que lá trabalham.

Que nenhuma criança fique
fora da escola, pois todos
têm direito de aprender.
Querido Deus, toma conta de mim,
e de todos da minha escola.
AMÉM!

ORAÇÃO ANTES DO EXAME ESCOLAR

Querido Deus, muito obrigado porque
sou capaz de aprender.
Deste-me o dom da inteligência
e o desejo de descobrir e conhecer.
Nem sempre consigo entender
todas as coisas, mas tenho
estudado bastante para
superar minhas dificuldades.
Agora vou fazer mais um exame escolar.
Estou inseguro e com medo.
Peço-te, ilumina-me, Senhor,
para que meus esforços
não sejam em vão.

Ilumina também os que estudam comigo, para que tirem notas boas; e para que todos façamos da escola um lugar de boa convivência e crescimento.
AMÉM!

OBRIGADO POR MARIA!

Senhor do Céu,
é tão bom ter mãe!
Até Jesus precisou ter uma.
Ela se chamava Maria de Nazaré.
Foi uma mulher muito simples.
Mas olhaste para ela com imenso amor.
Ela teve coragem de dizer sim,
quando o anjo lhe falou de tua vontade.
Por isso, tomaste conta dela.
Ela ficou cheia de graça
e do Espírito Santo, e tornou-se mãe
de Jesus e de todos nós.
Ela é a mais santa de todas as mulheres.
A mãe de todas as mães.

Um modelo para os cristãos.
Obrigado por Maria, Senhor!
AMÉM!

ORAÇÃO AO MENINO JESUS

Querido menino Jesus,
é noite de Natal e, no presépio,
te vejo entre José e Maria, os pastores,
os magos e os animais.
Tudo é muito simples e misterioso.
Tuas mãos pequeninas, estendidas,
oferecendo a paz que os anjos cantaram.
Teu coração, cheio de amor, dizendo
que vieste para ser Deus-conosco.
E eu estou aqui, menino Jesus, sem
nenhum presente para te oferecer.
E mesmo tendo as mãos vazias,
atrevo-me a te fazer um pedido:
Fica também no meu coração!

Para que eu ofereça amor e paz como presente a todas as pessoas.
Feliz Natal, menino Jesus!
AMÉM!

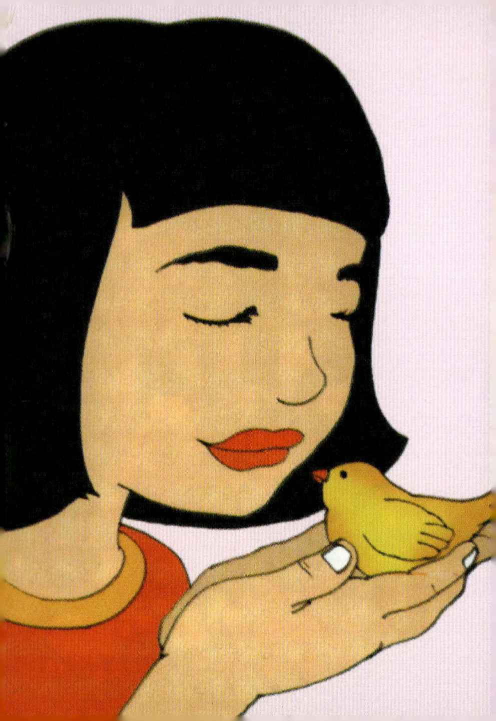

*Sou criança, Senhor!
Não entendo as grandes verdades da fé.
Mas creio em ti, com simplicidade!*

DADOS DO AUTOR

José Carlos dos Santos (Pe. Zeca) nasceu em 1º/01/1965, na cidade de Nossa Senhora das Dores (SE).

Iniciou sua caminhada Vocacional no Instituto Nossa Senhora de Fátima, em Guararapes - SP, no ano de 1978, na Família Religiosa da Pequena Obra da Divina Providência (Orionitas).

Cursou Filosofia no Instituto Vicentino de Filosofia, em Curitiba-PR.

É bacharelado em Teologia pelo Instituto Teológico Rainha dos Apóstolos (ITRA), na cidade de Marília – SP.

Foi ordenado sacerdote em 2/12/95 na cidade de Lins – SP e, atualmente, está incardinado à Diocese de Lins.

Além de exercer o seu Ministério Sacerdotal na Paróquia São Francisco de Assis (Lins), tem realizado com grande êxito a experiência de comunicar, através do Rádio, em uma Emissora FM, os seguintes programas: "Consagração a Nossa Senhora Aparecida", "A Hora da Ave-Maria" e "Por um Mundo Melhor". Este último programa é diário e tem duas horas de duração. E a força de sua mensagem chega a milhares de lares em mais de 150 municípios do Oeste Paulista.

Sumário

Oração da criança	10
Para começar o dia	12
Anjo da guarda	14
Oração no café da manhã	16
Oração antes de almoço	18
Oração antes do jantar	20
Antes de repousar	22
Pai-nosso da criança	24
Ser como o girassol	26
Aprendendo a rezar	28
Deus me ama	30
Oração ao Espírito Santo	32
Oração da simplicidade	34
Por um amiguinho enfermo	36
No aniversário da mamãe	38
Oração pelo papai	40
Prece pelas crianças abandonadas!	42
Prece pela paz	44
Oração na doença	46

Oração pelos colegas e amigos	48
Quando um amiguinho morre	52
Santa Missa	54
Oração no aniversário do papai	56
Ensina-me a rezar	58
Ajuda-me a ser bom!	60
Oração pela vovó	62
Depois de uma semana na escola	64
Oração pela catequese	66
Oração pelos idosos	68
Já sei o que é amar	70
Criaturas de Deus	72
Deus é bom	74
Uma prece por mamãe	76
Oração no aniversário	78
Oração para uma boa viagem	80
Oração pela escola	82
Oração antes do exame escolar	84
Obrigado por Maria	86
Oração ao menino Jesus	88